为什么信耶稣

Why Jesus?

SIMPLIFIED CHINESE

甘力克 著

Nicky Gumbel

为什么信耶稣？
Why Jesus? (Simplified Chinese Version)

Distributor : Canaanland Distributors Sdn Bhd
Address　　 : No. 25, Jalan PJU 1A/41B
　　　　　　　 NZX Commercial Centre
　　　　　　　 Ara Jaya
　　　　　　　 47301 Petaling Jaya
　　　　　　　 Selangor
　　　　　　　 Malaysia
Telephone : +603 7885 0540/1/2 (3 lines)
Email　　　 : info@canaanland.com.my
Website　　 : www.canaanland.com.my

怎么回事？

　　人生在世，最叫人心振奋的事，莫如成功的人际关系——父子、夫妇、爱侣、朋友等等。

　　有人以为基督教信仰不外乎一大堆教义、戒律、规条，但其实基督教信仰的精髓在乎一个关系——在乎一个人，而不仅仅是一套哲学理论。基督教信仰所着重的关系，是人世间最重要的关系——人与创造主的关系。耶稣说首要的诫命是全心爱神，其次是爱人如己——两条诫命都涉及关系。

所为何事？

你我受造于世，就是为了与神建立关系。除非我们与神复和，否则总会觉得生命欠缺一点什么。世人常常感到空虚无凭，就是这个缘故。有一个摇滚乐手这样形容他的内心感受：「我心里空虚难受。」

有一个家庭主妇写信给我，说她「心中有一大片空白」；另一个女孩子说她的「灵魂穿了一个大洞」。

世人用各种方法填补心中的空洞。有人希望用钱填补 —— 可惜钱财不能满足人心。已故希腊船王欧纳西斯（Aristotle S. Onassis）是世界首富之一，临终前说过这样的话：「人即使拥有万贯家财，也不能满足人心的需求。」

　　也有人吸毒、酗酒、滥交。有一个女孩子告诉我说：「这些事可以带来一时快感，可是过后只觉得更空虚。」又有人朝夕工作、醉心音乐、拚命运动、竞逐名声——这些事本身并无不妥，但都不能满足世人内心的饥渴。

　　人就算得着了人世间最亲密的关系，也不足以填满「心里头的空虚」！人受造是为了与神复和，人除非与神复和了，心里总不会感到满足。

　　按照新约圣经的说法，人心感到空虚，因人背弃了神。

　　耶稣说：「我就是生命的粮。」（约翰福音6：35）只有耶稣可以使我们的心灵得到满足，因为只有耶稣可以帮助我们与神重修旧好。

一、「一生为何？」

　　我们迟早会问自己这样一个问题：「我在有生之年，该做些什么？」「生命意义何在？」「人生在世，有什么目标吗？」存在主义家卡缪（Albert Camus）说过：「人总不能漫无目的地生存下去。」

　　除非与神建立了关系，否则不能找到人生的真正目标意义。人离开了神，万事不过就是一场烟雾，转眼成空！但只要我们与创造主建立关系，就能够明了人生真正的目标与意义。

二、「死后何往？」

　　我成为基督徒前，总会避谈「死」这件事，觉得自己离死很远！我不知道人死后是什么世界，也不想多作猜测——但其实我在逃避现实，因为人人难逃一死——偏偏神「把永生安置在世人心里」（传道书3：11）！世人都不想死，都想逃避死亡——可是人惟有借着耶稣才可以得到永生——我们借着耶稣与神建立的关系，不仅始于今生，更可延至永远。死亡不能断绝我们与神的关系。

三、「罪疚难当？」

我们如果对自己诚实，就一定会承认自己常做错事——偶尔更会做出一些叫自己深以为耻的丑事！我们实在是自私自利的人，生命更遍满污点！耶稣说：「从人里面出来的，那才能『污秽』人。因为从里面，就是从人心里，发出恶念、苟合、偷盗、凶杀、奸淫、贪婪、邪恶、诡诈、淫荡、嫉妒、谤讟、骄傲，狂妄。这一切的恶都是从里面出来，且能污秽人。」（马可福音7：20-23）

人心灵的最大需要，是「罪得赦免」。患癌症的人不论他想不想见医生，都需要接受诊治！同样地，犯罪的人，不论他是否认同自己有罪，都需要得着宽恕。察觉到自己有需要的人，当然比欺骗自己说没有问题的人好得多了。

耶稣在十字架上为我们的罪受死，我们才有机会得着宽恕，与神修复关系，我们心灵的最大需要，由此得着满足。

耶稣与我何干？

为何要接受基督教信仰？再明显不过的答案是：因为基督教信仰是真理。如果基督教信的不是真理，基督徒就在浪费自己和别人的时间！如果基督教信的是真理，那就对人人都极为重要了。

我们怎样知道基督教信仰的真伪？

我们可以验证基督教信仰的真伪，因为基督教信仰是建基于历史事实之上——关乎耶稣这个历史人物的出生、工作、受死、复活——全都有可供验证真伪的历史事实。

耶稣是谁？

耶稣是人类历史上最超卓不凡的人物，是西方文化的轴心——我们今天采用的历法，就是以耶稣的出生为划分：耶稣出生之前的年份称为「主前」（Before Christ，简称BC）；耶稣出生之后的年份称为「主后」（Anno Domini，简称AD）。

耶稣是神的儿子。有人以为耶稣只不过是一个「优秀的宗教导师」——这看法显然不符合历史事实。

一、耶稣的宣称

耶稣说过祂是神的儿子，与神同等；耶稣宣称自己有赦罪的权柄，又说祂有一天要审判世界——世人终极命运如何，全在乎他们在世之时如何看待耶稣。

已故剑桥大学教授、名作家鲁益师（C.S. Lewis）说得好：「如果耶稣只是凡人，却说出〔新约圣经所记的〕那些话，祂就绝对不可能只是万世师表！祂要么是疯癫透顶的疯子，要么是地狱的恶魔——我们必须作出决定：耶稣若非神子，就必然是疯子或恶魔！……不要再自以为是判定耶稣是什么『万世师表』了——祂的言行催逼我们选定一生的路向——这当中不存在模棱两可的选择！」

二、耶稣的品格

很多不是基督徒的人，却会同意耶稣的一生是「毫不利己、全心为人」的完美榜样。大文豪杜斯妥也夫斯基（F. M. Dostoevsky）说：「我相信不会有人比耶稣更可爱、更有深度、更仁厚、更纯洁。虽不情愿，但不可不承认：『从来没有人能与耶稣相比，将来也不会有人比得上祂。』」

耶稣的教导，是举世公认最纯全、最深刻的教训——比古今中外任何哲人学士所说的都好。

鲁益师说：「事实摆在眼前，耶稣显然不是疯子或恶魔，因此，不论我觉得如何离奇、惊诧、难以置信，仍不得不承认一件事实：耶稣的的确确是神。」

三、耶稣胜过死亡

　　耶稣从死里复活的证据实在无懈可击。当耶稣的门徒跑进耶稣的坟墓里，他们发现耶稣的尸身不见了，只剩下裹尸布叠在一旁。

　　其后六个礼拜，有超过五百人亲眼看见耶稣。门徒的生命忽然改换一新，基督教会也就此诞生，并且迅速增长！

　　前英国首席大法官达令勋爵（Lord Darling）说过：「支持耶稣从死里复活的证据确凿 —— 不论正面证据、反面证据、事实证据、环境证据，都不存在任何破绽！任何头脑清醒的陪审团，必然会作出一致的判决：耶稣复活的历史事实千真万确。」对这些事实惟一合理的解释是，耶稣曾经从死里复活，所以证明祂真是神的儿子。

耶稣为什么降世为人？

耶稣是惟一一个自己决定要来到世间的人，也是极少数甘愿受死的人。耶稣曾经说过，祂降世的惟一目的就是为我们死：「人子来……要舍命，作多人的赎价。」（马可福音10：45）

十字架是人类历史上数一数二的残酷刑具。历史学家西塞罗（Cicero）形容十字架的刑罚是「酷刑中最残忍可怖之酷刑」。耶稣被钉十字架前，要先被绑在一条柱子上受鞭打；那鞭子不是普通的皮鞭，而是四五条镶有尖刺铅粒的皮带合成的鞭子。主后三世纪教会史家优西比乌斯（Eusebius）这样描述罗马人的鞭刑：「犯人皮开肉绽，肌腱脏腑尽现。」耶稣受完鞭刑，还要被迫把六尺长的十字架背到受刑的山上去（耶稣途中不支倒地）。耶稣到了钉十字架的地方，兵士用六寸长的大钉钉耶稣的手腕和脚，钉牢了，就把十字架竖起来。耶稣悬挂在十字架上有六个钟头之久，祂的生命在难以言喻的剧痛中一点点的流逝。

可是耶稣受的最大痛苦并不关乎肉体，甚至不关乎精神，却关乎灵性——耶稣背负我们的罪，不得不与父神暂时隔绝。

耶稣为什么死？

耶稣说祂为我们死——「为」是「替代」的意思。耶稣替代我们死，因为祂爱我们，不愿意我们因自己所犯的罪受刑罚。耶稣甘愿被钉十字架，无异于公开宣告：「我要独自承担众人的罪债。」耶稣为你死、为我死——就算你或我是世上惟一的人，耶稣也会为你死、为我死！使徒保罗说：「神儿子……爱我、为我舍己。」

（加拉太书 2：20）耶稣爱我们，为我们付上性命作赎价。

「赎身」的意象来自奴隶市场：一个仁慈的人可能买下一个奴隶，然后让奴隶自由离去，这就是「赎身」。但替人赎身的人首先必须付出赎价——耶稣以十字架上倾流的血为我们付了赎价，使我们得到自由。

怎样得释放？

一、摆脱罪疚

无论我们觉得内疚与否，总不能抹杀一个事实：我们经常会在思想、言语、行为上触犯神的律法。人触犯世上的律法，尚且要面对刑罚，何况触犯神的律法？「罪的工价乃是死。」（罗马书6：23）

人触犯神的律法，所受的刑罚是死——与神永远隔绝。世人都犯了罪，都要接受永死的刑罚，但耶稣在十字架上替我们受了死刑，我们因此可以得着完全赦免，连罪疚也可以除净。

二、摆脱犯罪的习惯

犯罪会成瘾的。耶稣说：「所有犯罪的，就是罪的奴仆。」（约翰福音 8：34）耶稣为我们死，叫我们摆脱罪的管辖。耶稣在十字架上打垮了罪的权势，因此耶稣可宣告：「天父的儿子若叫你们得自由，你们就真自由了。」（约翰福音8：36）

三、摆脱恐惧

耶稣来到世间，「特要借着死败坏那掌死权的，就是魔鬼，并要释放那些一生因怕死而为奴仆的人。」（希伯来书 2：14-15）我们实在不用再惧怕死亡。

因着耶稣得救的人，不用再惧怕死亡，因为死亡不再是基督徒的终点，却是通往天堂的门道 —— 在天堂不再有任何奴役，甚至不会见到罪的踪影！

耶稣的救赎，使我们一旦摆脱死亡的恐惧，也就摆脱其它一切的恐惧了。

获释放，得到什么自由？

耶稣的肉身已不在世上，但耶稣没有撇下我们不顾，反而赐下圣灵住在我们心中。我们若有耶稣的灵居住在心中，就可得着前所未有的自由。

一、得到认识神的自由

我们犯的错成为神和我们之间的障碍。以赛亚书59：2说：「你们的罪孽使你们与神隔绝。」借着耶稣在十字架上的死，拆除了人神之间的阻隔，使我们得以与创造主建立关系，成为神的儿女！圣灵会在我们心中确认这关系，并帮助我们亲近神、认识神。圣灵又会帮助我们祷告，开启我们的心眼，让我们明白神的话语（圣经）。

二、得到爱神爱人的自由

「我们爱，因为神先爱我们。」（约翰一书4：19）我们仰望主的十字架，就能感受到神的爱；当圣灵进住我们的心中，我们感受到神的爱，就会生出爱神、爱人的心。耶稣释放了我们，叫我们的生命焕发爱的光辉——我们活着是为了爱耶稣、服事耶稣，也是为了爱人、服事人，而不仅仅是为了自己的益处。

三、得到洗心革面的自由

　　俗语有云：「江山易改，本性难移。」然而耶稣的福音是：靠着圣灵，人的品行可以改换一新。其实人人心底都有一个向善的渴求：但愿自己可以脱胎换骨！使徒保罗告诉我们：「圣灵所结的果子是仁爱、喜乐、和平、忍耐、恩慈、良善、信实，温柔、节制。」（加拉太书5：22-23）当圣灵进到我们心里，从圣灵而来的美好特质，也会逐渐显现在我们的生命里。

不信的借口？

　　神愿意在基督耶稣里宽恕我们、释放我们、赐圣灵居住我们心中——这全都是神赐人的礼物。我们面对礼物，可以选择要或不要：我们可以双手接过礼物，兴高采烈地打开，再慢慢体会送礼人的浓情厚意；我们也可以连连摆手说：「不了，心领了。」可惜的是，很多人面对神的礼物都选择「不要」，他们有千百样借口！

　　以下是几个例子：

一、「我不需要神」

　　这话背后的真正意思是：「我现在不是很快乐吗？我要神来干嘛？」说这话的人忽略了一事：人心灵的最大需要，不是得着「快乐」，而是得着「宽恕」——惟有最狂傲的人才敢夸口说自己不需要得着宽恕。

　　我们都需要得着宽恕——尤其需要得着神的宽恕，否则后果不堪设想——因为神不但是慈爱的父亲，也是公义的判官。

　　我们需要领受耶稣在十字架上为我们成就的救恩，否则终有一天得承担自己的罪债。

二、「我要放弃的太多了」

　　有时，神会使我们明白如果我们想透过耶稣与神建立深交，我们生活中的某些恶习，必须要摒除。

我们可不要忘了：

- 神爱我们，只会要求我们放弃对我们有损无益的事。如果我们看见小儿子拿着尖刀玩，我们会马上制止他——不是要扫他的兴，而是不想他受伤害。

- 我们所放弃的，远远比不上我们所得着的——不做基督徒要付出的代价，远远高过做基督徒付出的代价。

- 我们所放弃的，远远比不上耶稣所放弃的，耶稣在十字架上为我们舍命。

三、「一定有阴谋」

人有时难以相信世上真有白白得来的礼物，他们觉得基督徒所说的救恩得来太容易了，因此当中必有阴谋！这些人忽略的是：人虽然白白地得着救恩，耶稣却为这救恩付出了高昂的代价，就是祂的性命；我们得来容易，耶稣却付出重大。

四、「我不够好」

我们每一个人都不够好！无论我们怎样努力做好，在神眼中也不足够，所以耶稣才要降世救人！借着耶稣成就的救恩，我们才有胆量以真面目到神面前，而神也会照着我们的本相接纳我们——不论我们是否犯下弥天大错，或者多么无药可救。

五、「我担心不能坚持下去」

如果我们单凭自己努力的话——我们的确没有能耐去做个好基督徒。好消息是：神的灵会进到我们心中，使我们刚强起来，且不断地赐下能力使我们跟随主。

六、「以后再说吧」

这可能是最常见的借口。很多人说：「我知道基督教信的是真理，但对我还不是适当时候……。」他们就此打消了念头！这实在太可惜了，因为人越是耽误，越是不想作出决定，也就越错失了神的祝福——人也是实在不能确定自己有否「下一次」机会。对我来说，我生平一大憾事，就是自己为什么不早一点领受神的祝福。

我们该采取什么行动？

新约圣经清楚告诉我们，我们若要领受神的礼物，就必须有所行动——我们必须表白对神的信心。使徒约翰说：「神爱世人，甚至将祂的独生子赐给他们，叫一切信祂的，不至灭亡，反得永生。」（约翰福音3：16）「信」的人必须向神投入信心，信耶稣是建基于我们对耶稣的认识之后所作出的行动——信耶稣不是盲从附和，而是全心信任耶稣，把生命交托耶稣，就像婚礼中的男女彼此承诺说：「我愿意。」

人向神踏出的第一步，方式各有不同。如果你现在就想向神踏出这一步，请接受我提供给你的一个简单方法，这方法可以用三句话概括：

一、「对不起」

你必须求神宽恕你过去所做的一切错事，并且立志改过自新——圣经称这决定为「悔改」。

二、「谢谢」

我们相信耶稣为我们死在十字架上。你要感谢耶稣为你死，也要感谢祂白白地宽恕你、释放你、赐圣灵给你。

三、「邀请」

神不会硬闯我们的生命！你必须乐意领受神的礼物，主动邀请祂的圣灵进到你心中居住。

如果你想与神建立关系，又愿意作出上述表示，就可以用下面的祷文向神祷告，向神踏出第一步：

主耶稣基督：

我过去做了很多错事，现在真的後悔了。〔你可以用几分钟时间想想自己犯过的错事，然后求神赦免。〕主耶稣啊，求祢赦免我，我要改过自新，不再故意触犯祢的诫命。感谢祢为我的罪死在十字架上，让我得着赦免，并从罪中得释放。

感谢祢愿意随时赦免我，又赐圣灵进入我心。我要领受祢的赦免，也要领受祢的圣灵，主耶稣啊，求祢借着圣灵常常与我同在。

主耶稣啊，我感谢祢听我的祷告。阿们。

然后又如何？

一、把你信耶稣的事告诉别人

  你一定要把你信耶稣的事告诉别人，好表明你所作的决定。有时候我们向人表白信仰后，所信的才变得实在。但有一事我要提醒你：开始的时候，你最好先把你信耶稣的消息，告诉那些希望你信耶稣的人！

二、读圣经

  我们信耶稣，把生命交托给耶稣，就成了神的儿女（约翰福音1：12）。神是我们天上的父亲，祂和地上的父亲一样，渴望与儿女亲亲密密。我们聆听父神的话（主要是借着圣经），向父神倾诉心声（借着祷告），与父神感情就会日渐加深。圣经是神的话语，若你刚开始读圣经，不用心急，每天读几节约翰福音就好了，要紧的是求神在你读圣经的时候向你说话。

三、天天与神倾谈心事（祷告）

有一个祷告模式很能够帮助我们祷告，简称为「ACTS」：

A——Adoration（倾慕）
为神的美善、神的作为赞美神。

C——Confession（认罪）
求神赦免我们的过错。

T——Thanksgiving（感恩）
为健康、家人、朋友等等献上感恩。

S——Supplication（祈求）
为自己、朋友、其它人的需要祈求。

四、加入一家有生气的教会

我们必须成为教会的一员。教会是一群基督徒聚集敬拜神、听候神的说话，与弟兄姊妹相知相交、鼓励互勉的地方——因此可以想见它是个活泼、吸引人的地方！

　　我在1974年2月16日信耶稣，向神作了一个短短的祷告（就像第18页的祷文），就此改变了一生。那是我一生中最明智、最重大的决定！如果你信耶稣，我肯定这决定也会成为你一生中最明智、最重大的决定。

　　进修材料：启发《生命对答》甘力克著。这本书深入探究耶稣基督与我们日常生活的密切关系。